AF357250

TABLEAUX DES MEMBRES

DE LA L∴ L'OLIVIER ÉCOSSAIS

ET

Du Chap∴ Les Chev∴ de la Rénovation

TABLEAUX DES MEMBRES

COMPOSANT

A l'Epoque du 25ᵉ jour de la 10ᵉ Lune, Tebeth de l'An de la V∴ L∴ 5858; E∴V∴ 1ᵉʳ Janvier 1859

I. LA R∴ L∴ DE SAINT-JEAN

sous le titre distinctif de

L'OLIVIER ÉCOSSAIS

A l'O∴ du Havre

Constituée, sous le Nᵒ 38, par le Suprême Conseil des Souv∴, GG∴
Insp∴ GG∴ du 33ᵉ et dernier Degré du Rit Écossais ancien,
accepté pour la France le 7 Décembre 1829 E∴V∴

ET

II. LE R∴ CHAP∴ DU DIX-HUITIÈME DEGRÉ

sous le titre distinctif de

LES CHEVALIERS DE LA RÉNOVATION

Constitué par le Sup∴ Cons∴, sous le Nᵒ 122, le 16 Décembre 1849 (E∴V∴)

O∴ DU HAVRE

IMPRIMERIE DE TH. LEPELLETIER
PLACE LOUIS—PHILIPPE, 12

5859

ADRESSE

De la R∴ L∴ l'Olivier Ecossais

ET

DU CHAP∴ LES CHEV∴ DE LA RÉNOVATION

A Monsieur F. SEIPPEL,

Négociant, Rue des Pincettes, 13,

HAVRE.

Nota.— La L∴ s'assemble régulièrement les premier et troisième vendredis de chaque mois, à huit heures précises du soir, rue du Grand-Croissant, N° 17.

Tous les Maçons réguliers, *sans aucune distinction de rites ni d'obédiences*, sont reçus aux Travaux.

Le R∴ Chap∴ a six tenues par an.

Le Délégué Représentant du *Suprême Conseil de France*, au Havre, est l'Ill∴ F∴ MILLET-ST-PIERRE, 33e, Grand Inspecteur pour les Ateliers de la Seine-Inférieure et des Départements circonvoisins.

TABLEAU

DES

OFF∴ DIGN∴ DE LA R∴ L∴ L'OLIVIER ÉCOSSAIS

A L'ORIENT DU HAVRE

ANNÉE 1859 E∴ V∴

SEIPPEL,	30e	Vénérable.
PIÉTON,	M∴	1er Surveillant.
TROUVAY,	R∴ C∴	2me Surveillant.
BROUARD,	M∴	Orateur.
MARAIS,	M∴	Secrétaire.
DAVID,	R∴ C∴	Trésorier.
TASTAYRE,	R∴ C∴	1er Expert.
MARIE,	R∴ C∴	2me Expert.
DELACROIX,	R∴ C∴	1er Maît∴ des Cérém∴
VOTTE,	M∴	2me Maît∴ des Cérém.
GENSONY,	R∴ C∴	Garde des Sceaux et Timbres.
RENOU,	R∴ C∴	Garde des Archives.
MAZE,	R∴ C∴	Hospitalier.
HAMON,	R∴ C∴	Archit∴ M∴ des Banquets.
WILD,	R∴ C∴	Couvreur.
AGUERRE,	R∴ C∴	1er Diacre.
DOUBLET,	M∴	2me Diacre.
AUBRY,	M∴	Porte-Etendard.
BORCHARDT,	R∴ C∴	Porte-Épée.
PIGEON,	M∴	Orateur, Adjoint.
BESSON,	M∴	Secrét∴ Adj∴
ROMAGNY,	R∴ C∴	Député près le Sup∴ Cons∴ de France. Rue Ste-Barbe, 5, Paris.

MEMBRES DE LA LOGE

Les FF∴

DAVID (Frédéric-François), K-D-S, Négociant, né au Havre le
7 Octobre 1797 ; reçu le 12 Décembre 1829.

LEMARCHAND (Pierre-Louis), R∴ C∴, Constructeur de Navires, né au Havre le 25 Mai 1800 ; reçu le 12
Décembre 1829.

FÉRON (Jean-Pierre), R∴ C∴, Docteur-Médecin, né aux
Loges (Seine-Inférieure) le 23 Août 1806 ; reçu
le 17 Mars 1830.

BEUZEBOC (Charles-Bienvenu), K-D-S, Chevalier de la Légion-d'Honneur et Médaillé de Ste-Hélène, né
à Étretat (Seine-Inférieure) le 1er Octobre 1792 ;
reçu le 27 Décembre 1830.

SALNEUVE (Napoléon), R∴ C∴, Décorateur, né à Ingouville le 9 Avril 1807 ; reçu le 23 Janvier 1834.

MAZE (Pierre-Jean-Alfred), R∴ C∴, Corroyeur, né au
Havre le 13 Décembre 1808 ; reçu le 6 Juillet
1837.

RIVALLAN (Ange-François-Marie), M∴, Capitaine de Navire,
né à St-Lô (Manche) le 20 Janvier 1807 ; reçu
le 29 Juin 1838.

LEFIEUX (Jean-Pierre-Louis), R∴ C∴, Voilier, né à Boulogne (Pas-de-Calais) le 30 Juin 1809 ; reçu
le 30 Décembre 1838.

LECANNELIER(Louis-Charles-Hervé), M∴ Capitaine de Navire, né à Cherbourg (Manche) le 8 Juillet
1808 ; reçu le 21 Mai 1839.

Les FF∴

FAUTREL (Victor-François) R∴ C∴, Agent de la Cⁱᵉ d'Assu-
rances *le Soleil*, né à Honfleur (Calvados) le 14
Mai 1816 ; reçu le 26 Septembre 1839.

FOSSÉ (Jacques-Pierre-François), R∴ C∴, Constructeur de
Navires, né à Cherbourg (Manche) le 1ᵉʳ Mai
1795 ; reçu le 30 Juillet 1840.

SULZER (Jacques), M∴, Négociant, né à Winterthur (Suisse)
le 28 Mai 1818 ; reçu le 30 Septembre 1844.

GREVERIE (Félix-Grégoire) R∴ C∴, Horticulteur, né à Ingouville le 3 Septembre 1811 ; reçu le 2 Novembre
1844.

PIRIOU (Charles), M∴ Installateur de Gaz, né à Boulogne (Pas-
de-Calais) le 15 Novembre 1813 ; reçu le 29
Novembre 1844.

LAMY (Pierre-Constant), M∴, Entrepreneur de Bâtiments, né
à Bretteville (Calvados) le 5 Novembre 1809 ;
reçu le 14 Février 1845.

FOUBERT (Victor) M∴, Capitaine de Navire, né à Blainville
(Manche) le 18 Septembre 1814 ; reçu le 17 Avril
1845.

MAZERAS (Léopold-Ph.-Edouard), R∴ C∴, Pilote-Major,
Chevalier de la Légion-d'Honneur, né au Havre
le 3 Mai 1808 ; reçu le 4 Juillet 1845.

RENOU (Louis-Guillaume), R∴ C∴, Officier de Port, né à
Sᵗ-Malo (Finistère) le 19 Juin 1814 ; reçu le 14
Août 1845.

EQUIN (François-Gustave), M∴, Capitaine de navire, né à
Chenac (Charente-Inférieure) le 14 Décembre
1819 ; reçu le 21 Avril 1846.

JOLY (Emile), M∴, Restaurateur, né à Dainville (Meuse) le 4
Juillet 1815 ; reçu le 17 Juillet 1846.

LUYA (Henri-Michel), M∴, Commis, né à Couvet (Suisse) le 25
Juin 1810 ; reçu le 3 Janvier 1847.

Les FF.·.

HUMBERT (Charles), R.·. C.·., Cafetier, né à Cormandrèche
(Suisse) le 11 Août 1812 ; reçu le 17 Décembre
1847.

GERVAIS *(dit Catherine, Isidore)*, R.·. C.·., Commis, né à
St-Jacques-de-Lisieux (Calvados) le 25 Décembre
1809 ; reçu le 22 Décembre 1847.

LAFFARGUE (Jean), R.·. C.·., Commis, né à Bayonne (Basses-
Pyrénées) le 28 Mai 1810 ; reçu le 17 Mars 1848.

BOURQUIN (Charles-Alfred), R.·. C.·., Commis, né à Sonvilliers
(Suisse) , le 17 Novembre 1806 ; reçu le 13
Janvier 1850.

PESQUEUX (Martin-Théodore), R.·. C.·., Boucher, né à Etre-
ville (Eure) le 21 Septembre 1816 ; reçu le 31 Mai
1850.

BERNAYS (Edouard-Alphonse), M.·., Pilote, né au Havre le 3
Avril 1808 ; reçu le 29 Décembre 1850.

DEMAY (François-Marie), M.·., Capitaine de Navire , né à
Boulogne (Pas-de-Calais) le 9 Novembre 1821 ;
reçu le 31 Janvier 1851.

LESERGENT (François-Samson), M.·., Capitaine de Navire, né
à Rouen (Seine-Inférieure) le 10 Janvier 1820 ;
reçu le 14 Février 1851.

LEPORQ (Frédéric), M.·., Voilier, né à Ste-Marie-aux-Bosc (Seine-
Inférieure) le 15 Septembre 1825 ; reçu le 18
Avril 1851.

GAUBERT (François), M.·., Capitaine de Navire, né à Guissan
(Aude) le 6 Novembre 1815 ; reçu le 25 Avril
1851.

LELIÈVRE (Jean-Victor), M.·., Capitaine de Navire, né à Honfleur (Calvados) le 10 Août 1816 ; reçu le 24 Juin
1851.

Les FF∴

COUPPEY (Charles), M∴, Capitaine de Navire, né à Barfleur
(Manche) le 17 Décembre 1809 ; reçu le 18
Juillet 1851.

HARDOY (Martin), M∴, Capitaine de Navire, né à St-Jean-de-
Luz (Basses-Pyrénées) le 12 Juillet 1817 ; reçu le
5 Septembre 1851.

BERNAYS (Jean-Baptiste), M∴, Capitaine de Navire, né au
Havre le 6 Février 1805 ; reçu le 19 Septembre
1851.

DELACROIX (Henri-Magloire), R∴ C∴, Cafetier, né à St-An-
toine-la-Forêt (Seine-Inférieure) le 17 Octobre
1830 ; reçu le 28 Décembre 1851.

TERRIER (François), M∴ Marchand de Métaux, né à St-Martin-
de-l'Ecluse (Isère) le 15 Avril 1807; reçu le 18
Février 1853.

CHAPELLE (Jean), M∴, Commis, né au Havre le 15 Août 1830;
reçu le 10 Juin 1853.

PIEL (Louis-Joseph), M∴, Approvisionneur, né à La-Ferrière-
Duval (Calvados) le 8 Octobre 1817; reçu le 24
Juin 1853.

BESSON (Charles-Louis), M∴, Commis, né au Havre le 31 Juillet 1835 ; reçu le 15 Janvier 1854.

TROUVAY (Pascal-Martin), R∴ C∴, Boucher, né à Octeville
(Seine-Inférieure) le 5 Juin 1827 ; reçu le 24
Mars 1854.

HEAUVEAU (Désiré-Cir), Capitaine de Navire, né à la Mailleraye
(Seine-Inférieure) le 9 Mars 1825 ; reçu le 24
Mars 1854.

DE St-JULIEN (Charles), M∴, Capitaine de Navire, né à Crotoy
(Somme) le 21 Avril 1823 ; reçu le 27 Mars 1854.

LEPETIT-DESAUQUES (Alexandre) R∴ C∴, Commis de Ma-
rine, né au Havre le 12 Mai 1836; reçu le 16 Juin
1854.

Les FF∴

DELAUNAY (Auguste-Charles), R∴ C∴, Capitaine de Navire, né à Pont-l'Evêque (Calvados) le 12 Février 1827 ; reçu le 23 Juin 1854.

MORIN (Eugène-Pierre), M∴, Capitaine de Navire , né à St-Servan (Côtes-du-Nord) le 20 Avril 1821 ; reçu le 30 Juin 1854.

JEAN (Jean), M∴, Capitaine de Navire, né à Mont-Flanquin (Lot-et-Garonne) le 12 Septembre 1820 ; reçu le 21 Juillet 1854.

MARIE (Auguste), R∴ C∴, Négociant en Vins, né à Aulnay (Calvados) le 14 Mars 1822 ; reçu le 28 Juillet 1854.

LETOUX (Eugène-Désiré), M∴, Capitaine de Navire, né au Havre le 3 Avril 1825 ; reçu le 28 Juillet 1854.

DELABARRE (Louis-Eugène), M∴, Capitaine de Navire, né à St-Valery (Seine-Inférieure) le 14 Novembre 1818 ; reçu le 11 Août 1854.

NOGUES (Sylvain), M∴, Médecin, né à Ger-de-Boutz (Haute-Garonne) le 22 Janvier 1812 ; reçu le 18 Août 1854.

LANZERAY (Eugène-Ferdinand), M∴, Capitaine de Navire, né à Cherbourg (Manche) le 6 Novembre 1822 ; reçu le 17 Novembre 1854.

DUPONT (Edmond-Pierre), M∴, Capitaine de Navire, né à St-Servan (Côtes-du-Nord) le 19 Août 1823 ; reçu le 21 Novembre 1854.

DARLAY (François-Frédéric), R∴ C∴, Pharmacien, né à Rosni (Seine-et-Oise) le 28 Juillet 1822 ; reçu le 29 Décembre 1854.

MALLARD (Edmond-Victor), M∴, Entrepreneur, né à Ingouville (Seine-Inférieure) le 19 Novembre 1815 ; reçu le 12 Janvier 1855.

Les FF.·.

TASTAYRE (Charles), R.·. C.·., Horloger, né à Boulogne (Pas-de-Calais) le 6 Septembre 1806 ; reçu le 12 Janvier 1855.

SEIPPEL (Frédéric) K-D-S, 30ᵉ, Négociant, né à Durlach (Grand Duché de Bade) le 26 Avril 1826 ; reçu le 21 Janvier 1855.

AGUERRE (Jean-Baptiste) R.·. C.·., Chocolatier, né à Sᵗ-Palais (Basses-Pyrénées) le 24 Septembre 1815 ; reçu le 16 Mars 1855.

DESCHAMPS (Sᵗ-Amand), M.·., Capitaine de Navire, né à Antibes (Var) le 8 Avril 1821 ; reçu le 27 Mars 1855.

PERSIL (Armand), M.·., Capitaine de Navire, né à Caumont (Seine-Inférieure) le 23 Décembre 1823 ; reçu le 27 Mars 1855.

HAMON (Bernard-Augustin), R.·. C.·., Traiteur, né au Havre le 25 Mai 1813 ; reçu le 11 Mai 1855.

SAINBAULT (Georges-Louis), M.·., Négociant, né à Meudon (Seine-et-Oise) le 28 Juillet 1821 ; reçu le 22 Juin 1855.

LEMONNIER (Alexandre), M.·., Commis, né au Havre le 19 Janvier 1825 ; reçu le 6 Juillet 1855.

LECALVEZ (Pierre-Marie), M.·., Capitaine de Navire, né au Perros-Guéret (Côtes-du-Nord) le 1ᵉʳ Octobre 1824 ; reçu le 20 Juillet 1855.

BRUNEL (Jean-Antoine), M.·., Restaurateur, né à Neuve-Eglise (Cantal) le 16 Août 1807 ; reçu le 10 Août 1855.

GENSONY (Jean), R.·. C.·., Marchand de Parapluies, né à Chaussenac (Cantal) le 13 Novembre 1813 ; reçu le 17 Août 1855.

BREUNNETOT (François), M.·., Camionneur, né à Riville (Seine-Inférieure) le 4 Octobre 1809 ; reçu le 5 Octobre 1855.

Les FF.·.

PIÉTON (Lucien), M.·., Marbrier, né à Bousigny (Nord) le 3
Avril 1829 ; reçu le 16 Novembre 1855.

HURTER (Auguste), M.·., Drapier, né au Havre le 9 Janvier
1826 ; reçu le 30 Novembre 1855.

BAILLE (Guillaume), M.·., Marchand d'Ornemens, né à Chaussenac (Cantal) le 14 Avril 1824 ; reçu le 18 Janvier 1856.

LEDART (Alexandre), M.·., Cafetier, né à Salnelles (Calvados)
le 6 Mars 1813 ; reçu le 18 Janvier 1856.

DORIVAL (Jules-Auguste), M.·., Pilote, né à Paris (Seine) le 7
Février 1815 ; reçu le 15 Février 1856.

BORCHARDT (Victor), M.·., Propriétaire, né à Stargard (Prusse)
le 3 Novembre 1797 ; reçu le 7 Mars 1856.

DURRUTY (Jean-Baptiste), M.·., Capitaine de Navire , né à
Liboure (Basse-Pyrénées) le 17 Janvier 1822 ;
reçu le 21 Mars 1856.

MOISY (S.-Victor-Auguste), M.·., Charpentier, né au Havre le
5 Juillet 1826 ; reçu le 4 Avril 1856.

LAMUSSE (Jean-Marie) M.·., Capitaine de Navire, né à Gran-
ville (Manche) le 17 Novembre 1824 ; reçu le 8
Avril 1856.

DURÉCU (Pierre), M.·., Maître Hâleur, Chevalier de la Légion-
d'Honneur, né à Ingouville (Seine-Inférieure) le
2 Janvier 1812 ; reçu le 16 Mai 1856.

MAHÉO (Reine-Marie), M.·., Pilote, né à Carnac (Morbihan) le
20 Février 1818 ; reçu le 16 Mai 1856.

GROTON (Nathaniel), M.·., Capitaine de Navire, né à Waldocoro
(États-Unis) le 10 Octobre 1824 ; reçu le 19 Mai
1856.

PORET (Pierre-Désiré), M.·., Horloger, né à St-Pierre-Azel
(Calvados) le 26 Novembre 1824 ; reçu le 20 Mai
1856.

Les FF∴

HELLEY (Jean-Placide), App∴, Marchand de Nouveautés, né à Lande (Eure) le 12 Février 1812 ; reçu le 20 Mai 1856.

BOURISE (François-Noël), M∴, Capitaine de Navire, né à St-Servan (Ile-et-Vilaine) le 24 Décembre 1816 ; reçu le 4 Juillet 1856.

LEMERCIER (Eugène-Alexandre), M∴, Capitaine de Navire, né à St-Nicolas (Seine-Inférieure) le 3 Juin 1816 ; reçu le 1er Août 1856.

TORODE (James), M∴, Capitaine de Navire, né à Guernesey (Angleterre) le 25 Septembre 1816 ; reçu le 8 Août 1856.

BOUDIN (Auguste-Victor), M∴, Pilote, né à Honfleur (Calvados) le 17 Novembre 1816 ; reçu le 5 Septembre 1856.

LEBRIS (Réné), M∴, Capitaine de Navire, né à Goncarneau (Finistère) le 17 Mars 1815 ; reçu le 10 Décembre 1856.

MASCRIER (Jacques-Joseph), App∴, Épicier, né à Neville (Seine-Inférieure) le 22 Mars 1830 ; reçu le 2 Janvier 1857.

FAUQUET (Eugène-Ernest), M∴, Négociant, né à Bolbec (Seine-Inférieure) le 3 Août 1830 ; reçu le 2 Janvier 1857.

AVISSE (Ferdinand-François), M∴, Tanneur, né à Fécamp (Seine-Inférieure) le 25 Janvier 1832 ; reçu le 16 Janvier 1857.

MILLET-St-PIERRE (Edgar), M∴, Commis, né au Havre le 25 Décembre 1831 ; reçu le 18 Janvier 1857.

MARAIS (Gustave-Ernest), M∴, Commis, né au Havre le 10 Mai 1839 ; reçu le 18 Janvier 1857.

BRODHAG (Charles), M∴, Commis, né à Esslingen (Wurtemberg) le 13 Juin 1832 ; reçu le 6 Mars 1857.

Les FF.·.

BROOMHEAD (William), M.·., Négociant, né à Birmingham (Angleterre), le 8 Octobre 1828 ; reçu le 6 Mars 1857.

SANSOM (Jonh-Waterhouse) , R.·. C.·., Négociant , né à Schiffield (Ecosse) le 25 Décembre 1830 ; reçu le 6 Mars 1857.

ELOY (Henry), App.·., Avocat, né à St-Romain (Seine-Inférieure) le 23 Mars 1833 ; reçu le 6 Mars 1857.

KERSANTE (Nicolas-Olivier), M.·., Capitaine de Navire, né à Bron (Côtes-du-Nord) le 3 Mai 1822 ; reçu le 15 Mai 1857.

DOUBLET (Charles), M.·., Marchand de Vin, né à Lisieux (Calvados) le 4 Octobre 1823 ; reçu le 5 Juin 1857.

DUBOSC (Aimé-Ernest), M.·., Capitaine de Navire, né à Trouville (Calvados) le 4 Juillet 1834 ; reçu le 24 Juillet 1854.

LESAUT (Charles-Désiré-Pascal), R.·. C.·., Capitaine de Navire, né à Quillebœuf (Eure) le 10 Mai 1828 ; reçu le 7 Août 1857.

PATIN (Edmond-Adolphe), M.·., Capitaine de Navire, né à Boulogne (Pas-de-Calais) le 16 Avril 1825 ; reçu le 21 Août 1857.

DAVID (Zéphirin , R.·. C.·., Pharmacien, né à Dieppe (Seine-Inférieure) le 2 Mars 1815 ; reçu le 4 Septembre 1857.

CAHOURS (Philippe-Edouard), R.·. C.·., Inspecteur d'Assurance, né à Paris le 13 Décembre 1824 ; reçu le 18 Septembre 1857.

ANQUEZ (François-Auguste), M.·., Capitaine de Navire, né à Boulogne (Pas-de-Calais) le 15 Septembre 1821 ; reçu le 25 Septembre 1857.

Les FF∴

MEHUAS (Antoine), R∴ C∴, Capitaine de Navire, né à St-Malo (Finistère), le 1er Mai 1826 ; reçu le 25 Septembre 1857.

WILD (Fridolin) R∴ C∴, Brasseur de Bière, né au Havre le 23 Janvier 1832 ; reçu le 25 Septembre 1857.

LEBOURHIS (François), M∴, Capitaine de Navire, né à Guimcamp (Côtes-du-Nord) le 12 Février 1817 ; reçu le 25 Septembre 1857.

PIGEON (François-Léonce), M∴, Tailleur, né à St-Romain (Seine-Inférieure) le 8 Juin 1817 ; reçu le 29 Novembre 1857.

LELIÈVRE (Charles-Victor-Désiré), M∴, Marchand de Vin, né à Surville (Calvados) le 4 Mai 1824 ; reçu le 20 Novembre 1857.

FAUCON (Michel-Alphonse), App∴, Commis, né à Rouen (Seine-Inférieure) le 27 Décembre 1828 ; reçu le 27 Novembre 1857.

HUREL (Louis), M∴, Commis, né à Tinchebray (Orne) le 27 Février 1825 ; reçu le 11 Décembre 1857.

SEYER (Jean-Baptiste), M∴, Commis Voyageur, né à Sirey (Marthe) le 25 Juillet 1828 ; reçu le 5 Février 1858.

VOTTE (Charles-Eustache), M∴, Boucher, né à Lillebonne (Seine-Inférieure) le 24 Mars 1827 ; reçu le 19 Février 1858.

BARKER (John), M∴, Capitaine de Navire, né à New-Buryport (Etats-Unis) le 3 Avril 1823 ; reçu le 19 Février 1858.

AUBRY (Généreux-Léonor), M∴, Brasseur de Bière, né à Cauville (Seine-Inférieure) le 14 Avril 1829 ; reçu le 5 Mars 1858.

Les FF∴

LEMEILLEUR (François), M∴, Marin, né à St-Barnabi, (Côtes-du-Nord) le 31 Décembre 1821 ; reçu le 2 Avril 1858.

BROUARD (Joseph-Aimable), M∴, Voilier, né au Havre le 2 Février 1823 ; reçu le 16 Avril 1858.

GRAS (Théobald-Ange), M∴, Capitaine de Navire, né à Roscoff (Finistère) le 8 Février 1823 ; reçu le 27 Avril 1858.

FRESSIGOT (Jean-Charles), M∴, Capitaine de Navire, né à Honfleur (Calvados) le 4 Novembre 1818 ; reçu le 27 Mai 1858.

POUBEL (Jules-Marie) Comp∴ Commis, né au Havre le 2 Janvier 1838 ; reçu le 4 Juin 1858.

COLLIAU (Jean-Baptiste), M∴, Artiste, né à Paris le 28 Mai 1826 ; reçu le 4 Juin 1858.

LEMONNIER (Eugène) M∴, Capitaine de Navire, né à la Mailleraye (Seine-Inférieure) le 11 Avril 1811 ; reçu le 18 Juin 1858.

COLMICHE (Jean), M∴ Boucher, né à Touques (Calvados) le 13 Février 1815 ; reçu le 2 Juillet 1858.

KOPSTADT (Jules), App∴, Commis, né à Zwerfalt (Prusse) le 10 Juin 1832 ; reçu le 28 Août 1858.

HOLLERTT (Joseph-Isidore), App∴, Gardien de Batterie, né à Hierges (Ardennes) le 30 Janvier 1820 ; reçu le 12 Novembre 1858.

IRASQUE (Elie), M∴, Capitaine de Navire, né à la Martinique (Antilles Françaises) le 19 Avril 1829 ; reçu le 12 Novembre 1858.

LESAUT (Louis-Acacia), M∴, Capitaine de Navire, né à Quille-bœuf (Eure) le 4 Juillet 1832 ; reçu le 12 Novembre 1858.

Les FF∴

SEPTLIVRES (Jean-Marie), M∴, Capitaine de Navire, né à
St-Malo (Ile-et-Vilaine) le 25 Mai 1821 ; reçu le
27 Novembre 1858.

PONGNON (Jean-François-Germer), App∴, Brasseur de Bière,
né à St-Etienne-la-Tyllay (Calvados) le 22
Septembre 1812 ; reçu le 17 Décembre 1858.

GIRARD (Eugène-Honoré), M∴, Capitaine de Navire, né à
Trouville-sur-Mer (Calvados) le 7 Avril 1830 ;
reçu le 24 Décembre 1858.

MAILLARD (Anthime-Maxime), App∴, Capitaine de Navire,
né à Etretat (Seine-Inférieure) le 19 Avril 1828 ;
reçu le 24 Décembre 1858

PIMONT (Pierre-Emile-Alphonse), App∴, Instituteur, né à
Tourville (Seine-Inférieure) le 19 Septembre
1824 ; reçu le 26 Décembre 1858.

CHAPITRE

DES

CHEVALIERS DE LA RÉNOVATION

CHAPITRE

DES

CHEVALIERS DE LA RÉNOVATION

Officiers Dignitaires

ANNÉE 1859 E∴ V∴

SEIPPEL,	30e	Très Sage.
AGUERRE,	18e	1er Grand gardien de la tour
GENSONY,	id.	2me Grand gardien de la tour
BOURQUIN,	id.	Grand chevalier d'éloquence
LEPETIT DE SAUQUES,	id.	Chancelier, Maître des dé-pêches.
MARIE,	id.	1er Grand Expert.
DAVID,	id.	Trésorier.
MAZE,	id.	Eléemosinaire.
DELACROIX,	id.	1er Maître des Cérémonies.
TASTAYRE,	id.	2me Maître des Cérémonies.
WILD,	id.	Archiviste, Garde des Sceaux et Timbres.
TROUVAY,	id.	Grand Architecte Contrôleur
SALNEUVE,	id.	Grand Expert.
RENOU,	id.	Grand Expert
HAMON,	id.	Maître des Agapes.
ROMAGNY,	id.	Députe à la grande Loge centrale.

MEMBRES DU CHAPITRE

LES CHEVALIERS DE LA RÉNOVATION

Les FF.˙.

DAVID (Frédéric), 30ᵉ, reçu le 22 Avril 1842.

LEMARCHAND (Pierre), 18ᵉ, reçu le 22 Avril 1842.

FOSSÉ (Jacques), 18ᵉ, reçu le 22 Avril 1842.

SALNEUVE (Napoléon), 18ᵉ, reçu le 22 Avril 1842.

LEFIEUX (Jean), 18ᵉ, reçu le 28 Octobre 1850.

GERVAIS (Isidore), 18ᵉ, reçu le 28 Octobre 1850.

MAZERAS (Léopold), 18ᵉ, reçu le 28 Octobre 1850.

BEUZEBOC (Charles), 30ᵉ, reçu le 18 Décembre 1834.

GRÉVERIE (Félix), 18ᵉ, reçu le 21 Juin 1851.

LAFFARGUE (Jean), 18ᵉ, reçu le 13 Février 1852.

RENOU (Louis), 18ᵉ, reçu le 1ᵉʳ Juillet 1853.

PESQUEUX (Martin), 18ᵉ, reçu le 7 Octobre 1853.

DELACROIX (Henri), 18ᵉ, reçu le 31 Mars 1855.

HUMBERT (Charles), 18ᵉ, reçu le 26 Octobre 1855.

TROUVAY (Pascal), 18ᵉ, reçu le 26 Octobre 1855.

BOURQUIN (Charles), 18ᵉ, reçu le 23 Novembre 1855.

SEIPPEL (Frédéric), 30ᵉ, reçu le 23 Novembre 1855.

DARLAY (François), 18ᵉ, reçu le 23 Novembre 1855.

MARIE (Auguste), 18ᵉ, reçu le 14 Décembre 1855.

MALLARD (Edouard), 18ᵉ, reçu le 24 Octobre 1856.

TASTAYRE (Charles), 18ᵉ, reçu le 24 Octobre 1856.

AGUERRE (Jean), 18ᵉ, reçu le 24 Octobre 1856.

HAMON (Bernard), 18ᵉ, reçu le 24 Octobre 1856.

Les FF.·.

GENSONY (Jean-Baptiste), 18e, reçu le 24 Octobre 1856.

SANSOM (John), 18e, reçu le 27 Mars 1857.

LEPETIT-DE-SAUQUES (Ernest-Alexandre), 18e, reçu le 7 Mars 1858.

CAHOURS (Philippe-Edouard), 18e, reçu le 9 Juillet 1858.

BORCHARD (Victor), 18e, reçu le 9 Juillet 1858.

WILD (Fridolin), 18e, reçu le 22 Octobre 1858.

FAUTREL (Victor), 18e, reçu le 22 Octobre 1858.

LESAUT (Charles-Désiré), 18e, reçu le 22 Octobre 1858.

DAVID (Zéphirin), 18e, reçu le 22 Octobre 1858.

FÉRON (Jean-Pierre, 18e, reçu le 22 Octobre 1858.

DELAUNAY (Auguste), 18e, reçu le 22 Octobre 1858.

MAZE (Pierre-Jean), 18e, reçu le 22 Octobre 1858.

MEHOUAS (Antoine), 18e, reçu le 22 Octobre 1858.

Membres du Comité de Bienfaisance

Les FF.·. LEMARCHAND, Ex-Vén.·., Président, rue du Perrey, 26.

PIGEON, Orat.·. Adjoint, Rue des Drapiers, 63.

MAZE, Hospitalier, Rue d'Albanie, 38.

FAUTREL, Membre nommé, Rue de Normandie, 2.

COLMICHE, Membre nommé, Vieux Marché, 36.

Membre de la Caisse de Secours Maç.·. centrale

Le F.·. TASTAYRE, Rue de Paris, 27.

Frère Servant.

Le F.·. BEUZEBOC, Rue Caroline, 33.

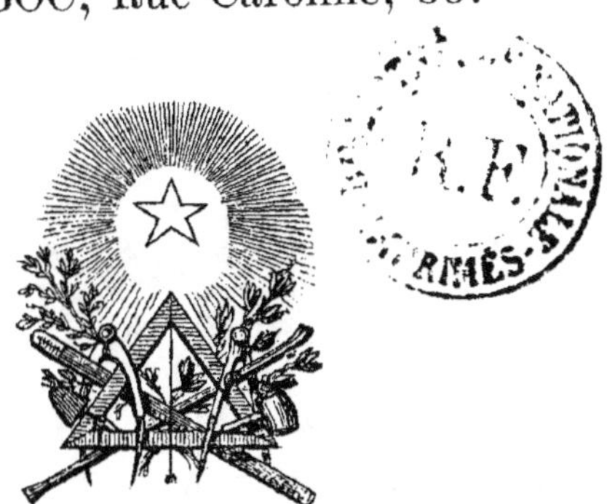